BEI GRIN MACHT SICH IHR WISSEN BEZAHLT

AF145186

- Wir veröffentlichen Ihre Hausarbeit,
  Bachelor- und Masterarbeit

- Ihr eigenes eBook und Buch -
  weltweit in allen wichtigen Shops

- Verdienen Sie an jedem Verkauf

Jetzt bei www.GRIN.com hochladen
und kostenlos publizieren

Bibliografische Information der Deutschen Nationalbibliothek:

Die Deutsche Bibliothek verzeichnet diese Publikation in der Deutschen National-
bibliografie; detaillierte bibliografische Daten sind im Internet über http://dnb.d-
nb.de/ abrufbar.

Impressum:

Copyright © 2017 GRIN Verlag, Open Publishing GmbH
Druck und Bindung: Books on Demand GmbH, Norderstedt Germany
ISBN: 9783668424753

Dieses Buch bei GRIN:

http://www.grin.com/de/e-book/356629/forschungskontroversen-ueber-den-aus-
bruch-des-ersten-punischen-krieges

Anonym

Forschungskontroversen über den Ausbruch des Ersten Punischen Krieges im Hinblick auf die Rolle von Hieron II. und Syrakus

GRIN Verlag

Universität zu Köln
Historisches Institut
Alte Geschichte

Forschungskontroversen über den Ausbruch des Ersten Punischen Krieges im Hinblick auf die Rolle von Hieron II. und Syrakus

Inhaltsverzeichnis

1. Einleitung

Karthago und Rom – zwei antike Großmächte, deren Interessensphären vor 264 v. Chr. ziemlich unterschiedlich waren, sodass es normal zu keinen Konflikten hätte kommen müssen. Der Handelsmacht Karthago war es wichtig, den alleinigen Handel im westlichen Mittelmeer zu halten, während Rom sich auf seine politische Herrschaft über Italien konzentrierte. An der Straße von Messana gerieten nun aber 264 v. Chr. die römische Politik und der karthagische Handel aneinander und es kam zu einem Krieg gewaltigen Ausmaßes, der 241 v. Chr. damit endete, dass Sizilien unter römischer Herrschaft stand.

In dieser Arbeit soll es vor allem um Forschungskontroversen über den Ausbruch dieses Ersten Punischen Krieges gehen. Was bewegte Rom dazu, in einen Weltkrieg einzutreten, obwohl es ihm eher daran hätte liegen müssen, die soeben erst gewonnene Herrschaft über ganz Italien zu sichern? Oder traten die Römer gerade deshalb in diesen Krieg ein? Besonders betrachtet werden soll die Rolle von Hieron II. von Syrakus, indem aufgezeigt werden soll, dass er alles andere als eine neutrale Person war[1] und eine wichtige Rolle beim Ausbruch des Krieges spielte. Wollten die Römer vielleicht nur in einen Krieg gegen ihn ziehen und erkannten sie den Krieg gegen die Punier dann erst später in seiner ganzen Tragweite?

Um diesen Fragen nachzugehen, wird zuerst die Ausgangslage vor Beginn des Ersten Punischen Krieges geschildert und anschließend die verbreiteten Annahmen über den Ausbruch des Krieges. Daraufhin werden die Forschungskontroversen in verschiedenen Unterpunkten ausgeführt, um anschließend ein Fazit zu ziehen.

In der Forschung herrschen rege Diskussionen, da man die vorliegenden Quellen alternativ deuten kann. Seitens der Karthager wurden leider fast alle Quellen bei der Zerstörung Karthagos 146 v. Chr. vernichtet, sodass fast nur griechische und lateinische Quellen erhalten sind.[2] Die einzige antike Primärquelle aus der Zeit des Punischen Krieges von Philinos von Akragas ist nicht mehr erhalten[3], jedoch hat Polybios ihn als Quelle verwendet[4] und auch Diodor nutzte ihn als Vorlage. Beide haben die Schilderungen des

---

1 Als eine neutrale Person in diesem Krieg nennt ihn Heuss 1976, S. 70.
2 Vgl.: Christ 1980, S. 63.
3 Vgl.: Bringmann, Netzressource DNP, Zugriff am 19.12.2016.
4 Vgl.: Pol. 1, 14, 1 ff.

pro-karthagischen Philinos wohl als glaubwürdig eingestuft. Das gut erhaltene Werk von Polybios übergeht leider wichtige Details und legt geringen Wert auf Chronologie, da Polybios, wie er selbst erwähnt[5], nur das Wesentliche zusammenfassen möchte.[6] Diodor liefert uns wichtige Erkenntnisse, jedoch ist nicht alles von ihm überliefert. Ergänzt wird die Quellenlage durch das Werk von Zonaras. Zur Forschungslage lässt sich sagen, dass die meisten Abfassungen über dieses Thema in den 60/ 70er Jahren erschienen sind. Wichtig ist vor allem das Werk von MOLTHAGEN, das andere Literatur zu diesem Thema zusammenfasst und bewertet, aber auch die Literatur von HOFFMANN und BERVE.

---

5   Vgl.: Pol. 1, 13, 6-7.
6   Vgl.: HOFFMANN 1969, S. 179.

2. Die Ausgangslage vor Beginn des Ersten Punischen Krieges

Zu Beginn des Ersten Punischen Krieges, also vor dem Jahre 264 v. Chr., herrschte auf Sizilien seit etwa 300 Jahren ein relativ stabiles Gleichgewicht zwischen Griechen und Karthagern.[7] Es kam zwar öfter zu Auseinandersetzungen zwischen den Karthagern und dem griechischen Syrakus und seinen *poleis*, jedoch gelang es keiner der beiden Mächte, die andere von der Insel zu vertreiben. Seit dem 4. Jahrhundert v. Chr. beanspruchten die Karthager das westliche Drittel der Insel, während Syrakus die Ostküste bis fast hinauf zur Meerenge von Messana besetzte.[8] Weiterhin wurden von den Karthagern Malta, die Balearen, Sardinien, Korsika und die Pityusen militärisch besetzt. All diese Inseln waren für die Handelsmacht wichtig, um ihren Handelsweg zwischen dem Osten und dem Westen im Mittelmeer zu sichern.[9]

Die Römer hingegen hatten sich soeben erst im Pyrrhoskrieg (280-275 v. Chr.) die Herrschaft über ganz Italien und somit die Vormacht im westlichen Mittelmeer erkämpft.[10] In eben diesem Krieg hatten sich Karthago und Rom gegen die Griechen verbündet und sogar von einem römisch-karthagischen Friedensvertrag ist die Rede.[11] Außerdem waren die Römer keine Seefahrer, sodass sich die Karthager vor den Römern nicht fürchteten.[12]

In Messana, an der östlichen Spitze Siziliens, bestand seit 289 v. Chr. ein „Räuberstaat", begründet durch ehemalige kampanische Söldner des Agathokles von Syrakus, die das östliche Sizilien mit Raubzügen heimsuchten. Die Kampaner, die sich selbst „Mamertiner" nannten, saßen außerdem auf der anderen Seite der Meerenge in Rhegion, also auf römischem Gebiet.[13] 270 v. Chr. vertrieben die Römer deshalb die dort ansässigen Kampaner und so rückten die Römer weiter an Sizilien heran.[14]

---

7 Vgl.: Heuss 1976, S. 69
8 Vgl.: Heftner 1997, S. 106.
9 Vgl.: Heuss 1976, S. 67-68.
10 Vgl.: ebd.
11 Die Echtheit dieses sogenannten „Philinos-Vertrages" ist aber umstritten. In diesem Vertrag sei (nach Philinos von Akragas) geregelt worden, dass sich die Karthager von Italien und die Römer von Syrakus fernzuhalten hätten. Die überwiegende Forschungsmeinung lautet, dass es diesen Vertrag nicht gegeben hat (Vgl.: Heuss 1976, S. 69). Deshalb wird im weiteren Verlauf dieser Arbeit der Vertrag außen vor gelassen.
12 Vgl.: Heuss 1976, S. 69.
13 Vgl.: Heftner 1997, S. 111.
14 Vgl.: Pol. 1, 7, 8 und Zon. 8, 6, 14.

In Syrakus tat sich in der 270er Jahren ein neuer Herrscher auf, der schon im sizilianischen Feldzug unter Pyrrhos von sich reden gemacht hatte und sogar von diesem ausgezeichnet worden war, nämlich Hieron II.[15] Als Pyrrhos im Jahr 275 v. Chr. Sizilien verließ, ließ sich eben dieser Hieron von den Syrakusanern zum bevollmächtigten Strategen (*strategos autokrator*) wählen.[16] Kurz darauf konnte er Syrakus einnehmen, was sehr wahrscheinlich gewaltsam geschah, denn das Amt des *strategos autokrator* wurde ihm vorerst nur von den Truppen, die fast ausschließlich aus Söldnern bestanden, verliehen. Erst nachdem er in die Stadt eingedrungen war, ließ er sich auch von der Volksversammlung zum Strategen wählen.[17] Auch Polybios erwähnt, dass die Syrakusaner mit Hierons Wahl nicht einverstanden waren.[18] Hieron II. sollte im Verlauf - und besonders beim Ausbruch - des Ersten Punischen Krieges noch eine wichtige Rolle spielen.

3. Der Ausbruch des Ersten Punischen Krieges – Verbreitete Annahmen

Die gängige Geschichte über den Ausbruch des Krieges nimmt zur Annahme, dass die Mamertiner den Nordosten Siziliens behaupten wollten und so in kriegerische Auseinandersetzungen mit Hieron II. gerieten.[19] Nachdem sie an der Schlacht am Longanos eine schwere Niederlage durch Hieron erfahren mussten, hätten sie sich an Rom gerichtet und wegen dessen verzögerter Antwort etwas später auch an Karthago.[20] Karthago eignete sich, weil es sich als griechischer Gegenspieler auf Sizilien anbot und Rom, weil es die neue italische Vormacht und ursprüngliche Heimat der kampanischen Söldner war. Die Stimmung in Rom zu dem Hilfegesuch sei geteilt gewesen, da Rom ja noch kurz vorher gegen die Kampaner in Rhegion eingeschritten war, aber auf der anderen Seite ein leichter Triumph lockte.[21] Zunächst seien viele Senatoren abgeneigt gewesen, aber ein Volksentscheid hätte dann für die Entsendung von römischen Truppen und ein Bündnis mit den Mamertinern gestimmt.[22] Die Karthager sandten eine Besatzung unter dem Admiral Hannibal nach Messana, doch als die Römer unter dem Consul Appius Claudius erschienen, wurden sie von dort wieder verdrängt. So kam es 264 v. Chr. zu ei-

15 Vgl.: MEIER-WELCKER 1979, S. 25.
16 Vgl.: HEFTNER 1997, S. 112.
17 Vgl.: LEHMLER 2005, S. 51.
18 Vgl.: Pol. 1, 8, 4.
19 Vgl.: VOGT 1973, S. 144.
20 Vgl.: BRINGMANN, Netzressource DNP, Zugriff am 19.12.2016.
21 Vgl.: HEUSS 1976, S. 70.
22 Vgl.: VOGT 1973, S. 144.

nem Konflikt zwischen den Römern und den Karthagern, der bis 241 v. Chr. anhalten sollte und später als der Erste Punische Krieg bekannt wurde.[23]

4. Forschungskontroversen und alternative Annahmen über den Ausbruch und den weiteren Verlauf des Krieges

4.1 Feldzüge Hierons II. gegen Messana

Die Probleme der Mamertiner begannen, als Hieron 271/70 v. Chr. zu seinem ersten Feldzug gegen die ihm lästigen Kampaner aufbrach. Diese erste Schlacht blieb aber ohne Erfolg und ließ die Mamertiner nur noch übermütiger werden.[24] Wegen des Kampfes gegen die allseits unbeliebten Söldner aus Messana hat Hieron wahrscheinlich schnell an Sympathie in Syrakus gewonnen.[25]

Etwa zur gleichen Zeit gingen die Römer in Rhegion gegen die dort ansässigen Kampaner vor.[26] Dabei hätten sie sogar Unterstützung durch Hieron in Form von Nahrungsmitteln und einer Truppe erhalten.[27] Diese Unterstützung ist laut MOLTHAGEN[28] und BERVE[29] wahrscheinlich nur eine Erfindung der späteren Überlieferung, hatte Hieron doch zu diesem Zeitpunkt seine Truppen selbst nötig. Glaubt man jedoch Polybios' Schilderung, dass Hieron die alten Söldner des Pyrrhos loswerden wollte und den ersten Feldzug gegen die Mamertiner absichtlich verloren hat, so ist die Schilderung von Zonaras über Hierons Hilfe doch glaubwürdig. Auch wenn er ihnen keine Truppen zur Verfügung gestellt hat, die Hilfe durch Nahrungsmittel ist vorstellbar und nicht unrealistisch.

Wegen der Besitzeinnahme benachbarter Gebiete der karthagisch besetzten Städte wurden die Mamertiner auch den Karthagern lästig[30], aber die Feindschaft zwischen den Sikelioten und den Karthagern war zu tief, als dass es zu einem Bündnis hätte kommen können. Das dachte man zumindest noch zu diesem Zeitpunkt.[31]

---

23 Vgl.: BRINGMANN, Netzressource DNP, Zugriff am 19.12.2016.
24 Vgl.: Pol. 1, 9, 1-7. Polybios berichtet hier auch, dass Hieron die Schlacht absichtlich verloren hätte, da er die alten Söldner aus den eigenen Reihen loswerden wollte, um sich ein neues eigenes Heer aufzubauen. Hieron selbst sei zurück in Syrakus geblieben.
25 Vgl.: BERVE 1959, S. 12.
26 Vgl.: Pol. 1, 7, 8 und Zon. 8, 6, 14.
27 Vgl.: Zon. 8, 6, 14.
28 Vgl.: MOLTHAGEN 1975, S. 93.
29 Vgl.: BERVE 1959, S. 14.
30 Vgl.: Pol. 1, 8, 1.
31 Vgl.: BERVE 1959, S. 13.

Als sich die Kampaner in Rhegion und Messana nicht mehr gegenseitig unterstützen konnten, rückte Hieron zum zweiten Feldzug gegen sie an.[32] Dieser zweite Feldzug muss 270/69 v. Chr. stattgefunden haben und gipfelte in Hierons Sieg in der Schlacht am Longanos. Hieron nahm den Führer der Mamertiner gefangen und wurde auf dem Rückweg zum König der Syrakusaner ausgerufen.[33] Diodor weiß nun etwas zu berichten, das Polybios nicht erwähnt. Die Mamertiner hätten sich Hieron unterwerfen wollen, doch dann hätten die Karthager ihn durch eine List um die Besatzung Messanas gebracht. Hannibal hätte vorgegeben, Hieron zum Sieg gratulieren zu wollen, hätte ihn dann aber davon abgehalten, Messana zu besetzen, nur um es anschließend selbst einzunehmen.[34] Ob Hannibal Hieron dazu durch Versprechungen oder durch Drohungen trieb, ist unklar. Jedoch ist diese Schilderung Diodors glaubwürdig, da sich ansonsten die Frage stellen würde, warum Hieron sonst nach dem Sieg am Longanos von Messana abgelassen hat.[35]

Nun drängt sich die Frage auf, warum das Hilfegesuch der Mamertiner erst im Jahre 264 v. Chr. zu finden ist, hatten sie die Schlacht am Longanos doch bereits 269 verloren. Wahrscheinlich ist deshalb, dass es einen dritten Feldzug Hierons gegen die Kampaner gab.[36] So berichten Zonaras und Polybios, die Karthager seien 264 v. Chr. wieder aus Messana abgezogen[37] und wissen von dem dritten Feldzug Hierons zu erzählen, der jetzt seine Chance gesehen habe[38]. Auch berichtet Diodor, dass Hieron dauerhaft Lager im Umkreis Messanas gehabt hätte[39]. MOLTHAGEN allerdings ist der Auffassung, dieser dritte Feldzug sei von der Beschreibung her dem von 269 v. Chr. zu ähnlich, sodass er es für wahrscheinlich hält, dass hier ein und derselbe Feldzug gemeint ist. Auch HOFFMANN ist der Auffassung, die Mamertiner hätten 264 v. Chr. die Hilfe aus einem anderen Grund als einem dritten Feldzugs Hierons gesucht (hierzu aber mehr in Kapitel 4.2).[40]

---

32 Vgl.: Pol. 1, 9, 6.
33 Vgl.: Pol. 1, 9, 7.
34 Vgl.: Diod. 22, 13, 6-9.
35 Vgl.: BERVE 1959, S. 16-17.
36 Vgl.: MOLTHAGEN 1975, S. 96 und PETZOLD 1969, S. 160-162.
37 Vgl.: Zon. 8, 8, 6 und Pol. 1, 10, 1.
38 Vgl.: Zon. 8, 8, 4. und Pol. 1, 11, 7.
39 Vgl.: Diod. 22, 13, 1.
40 Vgl.: HOFFMANN 1969, S. 164-165 und MOLTHAGEN 1975, S. 97, die beide nicht an einen dritten Feldzug Hierons glauben. BERVE 1959, S. 19-20 glaubt hingegen an den dritten Feldzug.

4.2 Das umstrittene „doppelte Hilfegesuch" der Mamertiner

Wie in Kapitel 4.1. ausgeführt, ist es also umstritten, ob ein dritter Feldzug Hierons zum Hilferuf der Mamertiner führte. HOFFMANN und MOLTHAGEN jedenfalls legen mögliche andere Beweggründe der Mamertiner dar.

So führt HOFFMANN aus[41], dass Polybios mit seiner Geschichte vom doppelten Hilfegesuch[42] zwei zeitlich und sachlich verschiedene Dinge zusammengezogen habe. Zum einen sei das der Sachverhalt, dass die Karthager bereits vor dem Hilferuf, nämlich seitdem sie Hieron nach der Schlacht am Longanas 269 v. Chr. um die Besatzung Messanas gebracht hätten, in Messana gewesen seien, zum anderen der, dass Rom 264 v. Chr. zur Hilfe gerufen wurde, um die karthagische Besatzung wieder loszuwerden und um wieder eine Verbindung zu Italien – zur ursprünglichen Heimat der Kampaner – herzustellen. Wichtig an dieser Deutung wäre vor allem, dass die Römer von vornherein gewusst hätten, dass sie gegen Karthago ziehen würden (mehr zu dieser Thematik aber später). Bei der Ankunft der Römer in Messana hätten die Mamertiner die Karthager aber schon aus eigener Kraft vertrieben.[43]

MOLTHAGEN führt einen weiteren Beweggrund für das Hilfegesuch an Rom an.[44] Auch er beschreibt, dass die Mamertiner sich sicher erst über die Besatzung der Karthager als Unterstützer gegen Hieron gefreut hätten, aber sie loswerden wollten, als keine akute Bedrohung von Hieron mehr ausging. Er hält es aber im Gegensatz zu HOFFMANN für unwahrscheinlich, dass sie den Abzug der Karthager selbst erreichen konnten, sondern meint, die Karthager seien aus freien Stücken abgezogen. Den Kontakt zu Rom hätten die Mamertiner nur hergestellt, um eine gute Beziehung zu haben und nicht wegen einer akuten Gefahr. Als Argument hierfür zitiert er Polybios Worte, zwischen den Römern und Mamertinern habe es zunächst eine Freundschaft gegeben und danach auf Bitte der Mamertiner Hilfe.[45]

---

41 Vgl.: HOFFMANN 1969, S. 164-165.
42 Vgl.: Pol. 1, 10, 1-2.
43 So deutet HOFFMANN die Erzählung Polybios', dass die Karthager 264 v. Chr. wieder aus Messana abgezogen seien (Pol. 1, 10, 1). Ich halte es aber für ausgeschlossen, dass die Mamertiner eine solche Macht wie die Karthager gegen deren Willen hätten vertreiben können. Wenn, dann ist dies auf diplomatischen Wege passiert, aber dann glaube ich nicht, dass die Mamertiner die Römer zur Hilfe gerufen haben, um die Karthager loszuwerden.
44 Vgl.: MOLTHAGEN 1975, S. 100-101.
45 Vgl.: Pol. 3, 26, 6.

Fragwürdig ist zumindest, warum nach Polybios das Hilfegesuch an Römer und Karthager gleichzeitig gestellt wurde[46], während Zonaras schildert, die Mamertiner hätten zuerst die Römer und, weil deren Antwort auf sich warten ließ, etwas später die Karthager zur Hilfe gerufen.[47] Als sicher kann gelten, dass es in Rom zu einer Diskussion kam, ob man den Mamertinern helfen sollte oder nicht, daher ist es glaubwürdig, dass die Antwort auf sich warten ließ. Deshalb kann man Zonaras glauben, wenn er beschreibt, die Mamertiner hätten die Karthager erst nach einiger Zeit um Hilfe gebeten.[48]

4.3   Der Eingriff Roms und Karthagos

In Rom kam es, wie bereits erwähnt, zu einer Diskussion, ob man den Mamertinern helfen sollte, oder nicht.[49] Ein sehr wahrscheinlicher Grund dagegen, der sicher gefallen ist, ist der, dass Rom erst kürzlich gegen die Kampaner in Rhegion eingeschritten war. Ein Grund für die Intervention könnte gewesen sein, dass Rom Angst vor zu viel Macht der Karthager hatte. Allerdings standen Rom und Karthago zu diesem Zeitpunkt eigentlich in einem guten Verhältnis zueinander.[50] HEUSS ist der Meinung, Rom hätte sich aufgrund eines „leichten Triumph[es]"[51] für die Intervention in Sizilien entschieden, was aber kein besonders überzeugender Grund ist.

MOLTHAGEN führt im Zuge dieser Diskussion einen neuen Punkt an.[52] Er ist der Meinung, der Grund für Roms Einschreiten seien vielmehr nicht die Karthager, sondern Hieron gewesen. Hätte dieser Messana eingenommen, wäre ein Übergriff des syrakusanischen Königreiches auf Unteritalien möglich gewesen und Rom hatte eben diese süditalischen Städte ja gerade erst gewonnen. Außerdem war nur ein gutes Jahrzehnt vergangen, seitdem Pyrrhos versucht hatte, alle süditalischen und sizilianischen Griechen zu einem Großreich zu vereinen.[53]

Aus welchen Gründen man nun glauben möchte, Rom entschied sich jedenfalls für eine Intervention auf Sizilien. Das Einschreiten Karthagos hat Hieron wohl erwarten können, das der Römer wird ihn aber sicherlich überrascht haben, hatte er sie doch erst in Rhegi-

---

46 Vgl.: Pol. 1, 10, 1.
47 Vgl.: Zon. 8, 8, 4.
48 Ich halte es für wahrscheinlich, dass Polybios, der ja selbst angibt, dass er in seiner Beschreibung nur das Wesentliche zusammenfasst, die beiden Hilfegesuch einfach zusammengezogen hat.
49 Vgl.: Pol. 1, 10, 3 und 1, 11, 1.
50 Vgl.: MOLTHAGEN 1975, S. 104-105.
51 HEUSS 1976, S. 70.
52 Vgl.: ebd., S. 106.
53 Mehr Gründe, die für diese These MOLTHAGENS sprechen unter Kapitel 4.4.

on unterstützt. Auf der anderen Seite wird auch Rom nicht erwartet haben, dass sich Hieron mit den Karthagern verbünden würde.[54]

Nach dem kurzzeitigen Abzug Karthagos aus Messana, den Polybios beschreibt, seien die Karthager nach dem Hilferuf der Mamertiner unter dem Offizier Hanno wieder zurück nach Messana gekehrt und Hieron hätte seinen dritten Feldzug abgebrochen und sei zurück nach Syrakus gekehrt. Dies sei sogar noch geschehen, bevor in Rom die Entscheidung zur Intervention im Sommer 264 gefallen sei.[55]

Die Römer schickten nach ihrem Beschluss einzugreifen den Consul Appius Claudius nach Rhegion, wo er wohl Ende 264 v. Chr. ankam. Von dort aus habe er noch versucht, mit Hieron über einen Abzug aus Messana zu verhandeln, was aber fehlschlug.[56] Daraufhin wandte sich Claudius an die Mamertiner selbst und erklärte ihnen, dass er nur zu ihrer Befreiung da sei und Messana danach nicht besetzen würde. Die Mehrheit der Mamertiner sprach sich wohl für Rom aus, sodass Hanno gefangen genommen werden konnte und nur durch das Versprechen des Abzugs wieder freigelassen wurde. Als Strafe dafür, dass er die Stadt freigab, wurde er von den Karthagern gekreuzigt.[57]

Nach diesem Vorfall scheint Hieron mit den ihm verhassten Karthagern ein Bündnis geschlossen zu haben, über dessen Gründe Polybios sagt, Hieron habe nun seine Chance gesehen, die Mamertiner entgültig loszuwerden.[58] Sicher war Hieron aber auch über die Römer erbittert.[59] Die Verbündeten hätten den Römern dann eine Frist gesetzt, bis wann sie Sizilien zu verlassen hätten – Claudius blieb aber.[60] Daraufhin habe Hieron die Höhe Chalkidikon südlich von Messana besetzt und die Karthager Pelorias und Syneis, sodass sie Messana rundum umschlossen hatten.[61] Geschickt habe Claudius Anfang 263 v. Chr. seine Truppen nachts über die Meerenge nach Messana geführt, wo er Karthago und Hieron den Krieg erklärte.[62]

---

54 Vgl.: Berve 1959, S. 20-21.
55 Vgl.: Pol. 1, 11, 4 und Zon. 8, 8, 6.
56 Vgl.: Pol. 1, 11, 10-12 und Diod. 23, 1, 2. Zeitliche Einordnung der Geschehnisse vgl.: Berve 1959, S. 23-24.
57 Vgl.: Pol. 1, 11, 4.
58 Vgl.: Pol. 1, 11, 7 und Diod. 22, 13, 9.
59 Vgl.: Berve 1959, S. 28.
60 Vgl.: Diod. 23, 1, 2.
61 Vgl.: Pol. 1, 11, 6 und Diod. 23, 1, 3.
62 Vgl.: Pol. 1, 11, 10 und Diod. 23, 3, 4.

Es gibt allerdings Stimmen in der Forschung, die die komplette Episode des Appius Claudius für eine Erfindung der Überlieferung halten. So schreibt MOLTHAGEN, dies sei nur erfunden worden, um die Zeit, die die Römer bis nach Messana brauchten, zu überbrücken.[63] Auch HOFFMANN sagt, die Glaubwürdigkeit sei umstritten, da nur Zonaras wirklich ausführlich darüber berichten würde.[64] Da HOFFMANN aber, wie bereits geschildert, der Meinung ist, die Römer seien von vornherein gegen die Karthager gewesen, gibt er zumindest an, der Kern der Geschichte sei wahr und die Römer hätten auf jeden Fall zu der Vertreibung der Karthager aus Messana beigetragen.[65]

4.4 Die ersten Kriegsjahre bis zum römisch-syrakusanischen Bündnis

Nach der Überführung von Claudius' Truppen nach Messana sei es laut Polybios zuerst zu einer Schlacht gegen Hierons Truppen gekommen, der verlor und sich nach Syrakus zurückzog. Kurz danach hätten die Römer auch die Karthager vor Messana geschlagen. [66] Claudius sei dann nach Syrakus vorgerückt und habe auf dem Weg dorthin das syrakusanische Land verwüstet.[67] Dass der Angriff auf Syrakus wohl scheiterte, verschweigt Polybios an dieser Stelle, jedoch verrät es uns Zonaras.[68] Die Karthager allerdings hätten sich nicht mehr aus ihren Städten heraus getraut und auch Hieron habe keinen Aufstand außerhalb Syrakus' gewagt.[69]

Als das Amtsjahr des Claudius vorbei war, rückten seine Nachfolger Marius Otacilius und Marius Valerius mit nunmehr vier anstatt zwei Legionen nach Sizilien.[70] Dies zeigt, dass die Lage den Römern ernst war. Die beiden Consuln erreichten, dass sich viele der syrakusanischen und karthagischen Städte den Römern anschlossen und rückten dann erneut nach Syrakus vor.[71] Die Karthager wollten Hieron zur Hilfe kommen, drehten aber auf dem Weg im Winter 263/62 v. Chr. um, als sie erfuhren, dass Hieron ein Bündnis mit den Römern geschlossen hatte.[72]

---

63 Vgl.: MOLTHAGEN 1975, S. 99.
64 Vgl.: Zon. 8, 8, 9.
65 Vgl.: HOFFMANN 1969, S. 175.
66 Vgl.: Pol. 1, 11, 13-15.
67 Vgl.: Pol. 1, 12, 4.
68 Vgl.: Zon. 8, 9, 8-9.
69 Vgl.: BERVE 1959, S. 32 der diese Information aus einer Quelle von Cassius Dio bezieht.
70 Vgl.: Pol. 1, 16, 1-2 und Zon. 8, 9, 10.
71 Vgl.: Zon. 8, 9, 10 und Diod. 23, 4, 1-2.
72 Vgl.: Diod. 23, 4, 1.

Zu diesem Bündnis äußert sich Polybios recht ausführlich.[73] Er beschreibt, dass das Bündnis mit den Karthagern von Hieron ohnehin schon die ganze Zeit über misstrauisch betrachtet wurde. Außerdem waren Roms Legionen schlichtweg stärker als Karthagos und zudem lief Hieron Gefahr, seine Anhänger in Syrakus zu verlieren. Den Syrakusanern missfielen die verhassten Karthager in ihrem Hafen nämlich und vor allem die Oligarchen der Stadt, die dem oligarchisch regierten Rom zugeneigt waren, drängten auf ein Bündnis mit diesen. Da Hieron die Oligarchen nach seinem Staatsstreich erst hatte versöhnen müssen, konnte er es jetzt nicht riskieren, sie als Anhänger zu verlieren. Auch Rom lag es an einem Bündnis mit Hieron, da sie unter Nahrungsmangel litten und dann nur noch einen anstatt zwei Feinden zu besiegen hätten. In dem Vertrag zwischen den beiden Mächten sei geregelt worden, dass Hieron auf Messana und andere von den Römern besetzte Städte verzichten müsse, aber Syrakus und dessen untertänige Städte behalten könne. Außerdem musste Hieron den Römern Reparationszahlungen zahlen. Während des restlichen Krieges unterstütze Hieron die Römer mit Schiffen, Schützen, und Nahrungsmitteln[74], außerdem diente der syrakusanische Hafen den Römern als Stützpunkt für ihre Flotte[75].

Insgesamt zeigen die ersten Kriegsjahre also, dass sich die meisten Kämpfe zwischen Rom und Syrakus abspielten. Dies spricht für MOLTHAGENS These, die Römer hätten nur in einen Krieg gegen Hieron ziehen wollen, um Unteritalien vor ihm zu schützen, und nicht gegen Karthago. Weiterhin spricht dafür, dass alle Verhandlungen vor Kriegsbeginn nur zwischen Claudius und Hieron geführt wurden und Claudius die Karthager nicht ansprach. Auch die Kriegserklärung selbst erfolgte wohl nur an Hieron.[76] Zudem sahen die Römer im Bündnis mit Hieron wohl das nahe Ende des Krieges, denn sie ließen nun wieder nur noch zwei Legionen auf Sizilien.[77]

4.5 Der weitere Kriegsverlauf

Nachdem die Karthager von dem Bündnis zwischen Hieron und den Römern erfahren hatten, ließ sich ein Wandel in Karthagos Politik erkennen, denn diese bereiteten nun einen großen Krieg vor.[78] Sie sendeten ein stärkeres Heer nach Sizilien und auch Rom

---

73 Vgl.: Pol. 1, 16, 4-10.
74 Vgl.: Zon. 8, 9, 12 und Pol. 1, 18, 11 und Diod. 23, 9, 5.
75 Vgl.: Diod. 24, 1, 7.
76 Vgl.: MOLTHAGEN 1975, S. 106-108.
77 Vgl.: Pol. 1, 17, 1.
78 Vgl.: MOLTHAGEN 1975, S. 121.

schickte 262 v. Chr. die zwei erst abgezogenen Legionen wieder zurück. Aus dem Krieg um Messana wurde nun endgültig der Krieg um Sizilien.[79] Man könnte sogar sagen, dass der Erste Punische Krieg erst jetzt begann, da vorher seitens Rom, wie bereits beschrieben, eigentlich nur gegen Syrakus vorgegangen wurde und eben nicht gegen die Punier. So datiert Philinos den Beginn des Krieges tatsächlich erst auf 263 v. Chr.[80]

Da der Westen Siziliens wegen der karthagischen Besatzung nur noch über die Küste zu erreichen war, begann auch Rom erstmals einen Seekrieg. 261 v. Chr. bauten die Römer ihre erste Flotte, die mit speziellen Enterhaken ausgestattet war, um die karthagischen Schiffe für einen Nahkampf zu stürmen. Die Erprobung dieser gipfelte in einem Sieg der Römer an der Ostspitze Siziliens. Vorerst hielten die Karthager aber die Westküste.[81] So kam den Römern 257 v. Chr. die Idee, Karthago selbst anzugreifen. Sie besiegten die karthagische Flotte, jedoch fiel die Versorgung der Truppen über die lange Distanz schwer. Dennoch nahmen die Römer Tunis, die Nachbarstadt Karthagos, ein. Karthago eröffnete daraufhin ein Friedensangebot, doch die Verhandlungen scheiterten durch politisches Ungeschick der Römer. Dies stärkte den Widerstand der Karthager umso mehr.
[82]

Im ständigen Kampf mit dem Wetter verloren die Römer innerhalb von nur fünf Jahren vier ihrer Flotten[83], aber auch die Kräfte der Karthager waren langsam erschöpft. So kam es 242 v. Chr. beinahe zu einem Stillstand des Krieges. Durch private Investitionen konnten die Römer aber 241 v. Chr. noch eine große neue Flotte von 200 Schiffen bauen und siegten so gegen die Karthager bei den ägäischen Inseln vor der Westküste Siziliens.[84] In den anschließenden Friedensverhandlungen sei geklärt worden, dass Karthago Sizilien und die liparischen Inseln sofort zu räumen hätte. Außerdem mussten sie Rom Reparationszahlungen zahlen. Für Hieron und Syrakus änderte sich vorerst nichts, denn Syrakus blieb als selbständiger Staat erhalten und in dem Vertrag sei sogar explizit erwähnt worden, dass die Karthager Hieron in Frieden lassen müssten.[85] Hieron herrschte fortan in Sicherheit.[86]

---

79 Vgl.: Vogt 1973, S. 146.
80 Vgl.: Beloch 2012, S. 285-287.
81 Vgl.: Vogt 1973, S. 146-147.
82 Vgl.: ebd.
83 Vgl.: Heuss 1976, S. 71.
84 Vgl.: Vogt 1973, S. 148-149.
85 Über den Vertrag vgl.: Diod. 24, 14 und Zon. 8, 17, 4 und Pol. 1, 63, 1-3.
86 Vgl.: Pol. 1, 16, 10.

5. Resümee

Um zusammenfassend die anfangs gestellten Fragen zu beantworten, warum Rom in einen Weltkrieg eingetreten ist und welche Rolle Hieron II. dabei spielte, so halte ich die These aus genannten Gründen für sehr einleuchtend, dass Rom ursprünglich nur in einen Krieg gegen Hieron ziehen wollte, um Unteritalien vor ihm zu schützen, damit er nicht ähnliches dort bewirken konnte, wie Pyrrhos es knapp zehn Jahre zuvor vor hatte. Dies bestätigen vor allem die ersten Jahre des Krieges. Auch ich halte es deshalb für plausibel, den Anfang des Krieges gegen die Punier erst auf 263 v. Chr. zu datieren. Die These von Hoffmann, dass Rom von Anfang an bewusst in einen Krieg gegen Karthago gezogen ist, finde ich nicht überzeugend.

Klar ist jedenfalls, dass Hieron nicht, wie von HEUSS behauptet[87], eine neutrale Person in diesem Krieg war. Allein durch seine Bündnisse mit den Karthagern und später den Römern zeigte er seinen Standpunkt. Ohne ihn und seine Feldzüge gegen die Mamertiner wäre es außerdem eventuell gar nicht zu dem umstrittenen Hilfegesuch der Kampaner gekommen und so auch eventuell gar nicht zu einem so ausartenden Krieg zwischen Rom und Karthago.

Feststellen kann man jedoch, dass die Römer, wenn es auch nicht ihr ursprüngliches Ziel war, im Laufe des Krieges dann doch an der gesamten Besetzung Siziliens festhielten. Spätestens bei den Friedensverhandlungen in Tunis hätten sie den Frieden herbeiführen können, erwiesen dort aber politisches Ungeschick. Allerdings hätte eine Niederlage in diesem Krieg wahrscheinlich auch ihre hegemoniale Stellung in Italien in Frage gestellt, sodass ein Sieg hier gegen Ende wichtig wurde.

Der Erfolg des Krieges stand jedoch in keinem Verhältnis zum betriebenen Aufwand. Der schlussendliche Sieg war auch in keinem Fall eindeutig, die Römer hatten viele Rückschläge einstecken müssen und kamen oft an ihre Grenzen.[88]

---

87 Vgl.: HEUSS 1976, S. 70.
88 Vgl.: ebd., S. 71.

6. Literaturverzeichnis

6.1 Quellen/ Übersetzungen

DIODORUS SICULUS. Bibliotheca historica, Bd. XXI-XXXII, übers. v. F.R. Walton, Cambridge – London 1957.

POLYBIOS. Historien, Bd. I, übers. v. W.R. Paton, Cambridge - London 2010.

ZONARAS. Historien, übers. v. T.M. Banchich und E.N. Lane, New York 2009.

6.2 Forschungsliteratur

BELOCH, J., Griechische Geschichte. Volume 4: Die griechische Weltherrschaft Part 2, Cambridge 2012.

BERVE, H., König Hieron II. (Abhandlungen – Neue Folge Heft 47), München 1959.

BRINGMANN, K., Art. Punische Kriege, in: DNP online (Zugriff am 19.12.2016), http://dx.doi.org/10.1163/1574-9347_dnp_e1014630.

CHRIST, K., Römische Geschichte. Einführung, Quellenkunde, Bibliographie, Darmstadt ³1980.

HEFTNER, H., Der Aufstieg Roms. Vom Pyrrhoskrieg bis zum Fall von Karthago (280-146 v. Chr.), Regensburg 1997.

HEUSS, A., Römische Geschichte, Braunschweig ⁴1976.

HOFFMANN, W., Das Hilfegesuch der Mamertiner am Vorabend des Ersten Punischen Krieges, in: Historia 18 (1969), S. 153-180.

LEHMLER, C., Syrakus unter Agathokles und Hieron II. Die Verbindung von Kultur und Macht in einer hellenistischen Metropole, Frankfurt am Main 2005.

MEIER-WELCKER, H., Karthago, Syrakus und Rom. Zu Grundfragen von Frieden und Krieg (Historisch-Politische Hefte der Ranke-Gesellschaft Heft 25/26), Göttingen 1979.

MOLTHAGEN, J., Der Weg in den Ersten Punischen Krieg, in: C. Schuler u.a. (Hrsg.): Chiron. Mitteilungen der Kommission für alte Geschichte und Epigraphik des Deutschen Archäologischen Instituts (Band 5), München 1975, S. 89-127.

PETZOLD, K.-E., Studien zur Methode des Polybios und zu ihrer historischen Auswertung (Vestigia 9), München 1969.

VOGT, J., Die Römische Republik, München ⁶1973.